TU PASAPORTE A
JAPÓN

de Cheryl Kim

CAPSTONE PRESS
a capstone imprint

Publicado por Capstone Press, una impresión de Capstone
1710 Roe Crest Drive, North Mankato, Minnesota 56003
capstonepub.com

Copyright © 2026 de Capstone. Todos los derechos reservados. Ninguna parte de esta publicación puede ser reproducida ni total ni parcialmente, ni almacenada en un sistema de recuperación, ni transmitida de ninguna forma o por ningún medio, ya sea electrónico, mecánico, fotocopia, grabación o de otro tipo. sin la autorización escrita de la casa editorial.

Los datos de catalogación previos a la publicación se encuentran disponibles en el sitio web de la Biblioteca del Congreso.
ISBN: 9798875235856 (tapa dura)
ISBN: 9798875235801 (tapa blanda)
ISBN: 9798875235818 (PDF libro electrónico)

Resumen: ¿Cómo es visitar o vivir en Japón? ¿Qué hace que la cultura de Japón sea única? Explora la geografía, las tradiciones y la vida cotidiana de los japoneses.

Créditos editoriales
Editora: Carrie Sheely; Diseñadora: Elyse White;
Especialista en producción: Whitney Schaefer

Créditos fotográficos
Alamy: Archivist, 10, CPA Media Pte Ltd, 9, World History Archive, 11; Capstone Press: Eric Gohl, 5; Getty Images: David Finch, 29, DEA PICTURE LIBRARY, 8, DoctorEgg, 15, Koji Watanabe, 18, 27, P A Thompson, 19, TOSHIFUMI KITAMURA/AFP, 25, urbancow, 21, Yevhenii Dubinko, (stamps) design element; Shutterstock: Avigator Fortuner, 17, Dream28, (flag) cover, Filip Bjorkman, (map silouhette) cover, Flipser, (passport pages) design element , Fly_and_Dive, 12, MAHATHIR MOHD YASIN, 20, MicroOne, (stamps) design element , pingebat, (stamps) design element , Sean Pavone, top middle 7, 16, sirtravelalot, 22, Travel mania, (bottom) cover, Win Jarusathit, bottom right 7

Los sitios web y recursos adicionales a los que se hace referencia en este libro no se mantienen, autorizado o patrocinado por Capstone. Todos los nombres de productos y empresas son marcas comerciales™ o marcas comerciales registradas® de sus respectivos propietarios.

Printed and bound in China. PO 006276

CONTENIDO

CAPÍTULO UNO
¡BIENVENIDOS A JAPÓN! 4

CAPÍTULO DOS
LA HISTORIA DE JAPÓN 8

CAPÍTULO TRES
EXPLORAR JAPÓN 14

CAPÍTULO CUATRO
VIDA DIARIA 20

CAPÍTULO CINCO
FESTIVIDADES Y CELEBRACIONES 24

CAPÍTULO SEIS
DEPORTES Y RECREACIÓN 26

GLOSARIO 30
ÍNDICE 32

Las palabras en **negrita** están en el glosario.

CAPÍTULO UNO

¡BIENVENIDOS A JAPÓN!

El sol brilla sobre la cima de un **volcán** nevado. El pico resplandece. Capas de roca, ceniza y lava formaron esta majestuosa montaña. Tiene una altura de 12.388 pies (3776 metros). Cinco lagos apacibles rodean su base. Este es el monte Fuji, la montaña más alta de Japón. Cuando los rayos del sol brillan en la cima de la montaña, también se la conoce como el monte Diamante de Fuji. Japón es un país insular en el este de Asia.

Japón es un país insular en el este de Asia. Está formado por cuatro islas principales y una serie de muchas islas más pequeñas. La isla más grande es Honshu, seguida de Hokkaido, Kyushu y Shikoku. Japón tiene aproximadamente el tamaño de California. En Japón vive más del triple de personas que en California.

MAPA DE JAPÓN

Explora las ciudades y los lugares de interés de Japón.

HECHO

Japón está formado por más de 6.800 islas. Alrededor de 400 no tienen habitantes.

CIFRAS Y DATOS

NOMBRE OFICIAL: JAPÓN
POBLACIÓN: 125.816.000
SUPERFICIE: 145.937 MILLAS CUADRADAS (377.976 KM CUADRADOS)
CAPITAL: TOKIO
MONEDA: YEN JAPONÉS
GOBIERNO: MONARQUÍA CONSTITUCIONAL CON DOS CÁMARAS LEGISLATIVAS
IDIOMA: JAPONÉS

GEOGRAFÍA: Japón es una cadena de islas frente a la costa este de Asia. El mar de Japón está al oeste y el océano Pacífico al este.

RECURSOS NATURALES: Los principales recursos naturales de Japón son los peces y los bosques. También tiene piedra caliza, carbón, hierro, oro y plata.

HECHO

A Japón a veces se le llama la "Tierra del Sol Naciente". Hay diferentes historias sobre el origen de este nombre.

Japón alberga 25 sitios declarados Patrimonio de la Humanidad por la UNESCO. Estos lugares importantes están protegidos. El país también tiene varias ciudades grandes. La capital de Japón es Tokio. Es la ciudad con la **población** más grande en el mundo.

La zona de Akihabara en Tokio es un lugar popular para comprar productos electrónicos.

Japón es un país que mezcla lo antiguo y lo nuevo. Valora sus **tradiciones**. Sin embargo, Japón también es conocido por su tecnología y por encontrar nuevas formas de fabricar productos.

El santuario Itsukushima es uno de los sitios de Patrimonio de la Humanidad de Japón. Se construyó por primera vez en el siglo VI y se reconstruyó en el siglo XII.

CAPÍTULO DOS
LA HISTORIA DE JAPÓN

Algunas de las primeras personas que vivieron en Japón fueron los jōmon. Vivieron en Japón hace más de 12.000 años. Sobrevivieron cazando animales y recolectando alimentos como moras y semillas.

Alrededor del año 300 a. C., el pueblo yayoi llegó a Japón desde China y Corea. Cultivaban arroz y fabricaban objetos de metal. **Clanes** separados controlaban diferentes áreas. Más tarde, algunos de estos grupos se unieron.

El pueblo jōmon vivía en pequeñas comunidades cerca del mar o junto a los ríos.

Emperatriz Suiko

EMPERATRIZ SUIKO

A finales del siglo VI, gobernó la primera emperatriz de Japón. La emperatriz Suiko fue una de los seis hijos del emperador Kinmei. Cuando su padre y sus hermanos murieron, se le pidió que asumiera el trono. La gente pensó que sería una gran líder. Después de que se lo pidieran tres veces, aceptó.

SHOGUNES Y SAMURÁIS

Hace unos 1000 años, los principales líderes militares llamados shogunes tomaron el control de Japón. Crearon ejércitos con soldados samuráis. Durante más de 200 años, cerraron Japón al resto del mundo. Pocas personas podían salir o entrar sin aprobación. Los países occidentales no podían comerciar con Japón.

Los soldados samuráis llevaban espadas como arma principal.

Con el tiempo, el poder de los shogunes disminuyó. El emperador Meiji se convirtió en emperador en 1867. Quería que Japón se volviera moderno. Comenzó a realizar cambios en el gobierno y la **cultura** de Japón. La agricultura y las industrias crecieron a un ritmo rápido.

Emperador Meiji

EL MUNDO EN GUERRA

Japón y Estados Unidos estaban del mismo lado durante la Primera Guerra Mundial (1914–1918). Lucharon con otros países contra las potencias centrales. Pero durante la Segunda Guerra Mundial (1939–1945), Japón y Estados Unidos lucharon en bandos diferentes. Japón bombardeó la base naval estadounidense de Pearl Harbor en 1941.

Cuatro años después, Estados Unidos lanzó bombas atómicas sobre las ciudades japonesas de Hiroshima y Nagasaki. Más de 150.000 personas murieron y muchas más se enfermaron. Después del fin de la guerra, Japón quedó bajo control internacional. En 1951, Japón volvió a ser una nación independiente.

LA HISTORIA RECIENTE

Diferentes países ayudaron a Japón a reconstruirse. Japón se convirtió en un importante **exportador** de automóviles y maquinaria. En la década de 1980, Japón era uno de los países más ricos del mundo.

En 2011, Japón sufrió un terremoto y un tsunami. El terremoto fue el más grande que haya golpeado a Japón en la historia registrada. Desde entonces, Japón ha construido algunos diques más altos a lo largo de sus costas.

El tsunami de 2011 causó daños generalizados a los edificios de las zonas costeras de Japón.

CRONOLOGÍA DE LA HISTORIA JAPONESA

ALREDEDOR DEL 32.000 A. C.: Las primeras personas llegan a Japón.

10.000 A. C.: El pueblo jōmon vive en Japón desde hace miles de años.

300 A. C.: El pueblo yayoi llega a la isla de Honshu desde Corea y China y comienza a cultivar arroz y otros productos.

1100 D. C.: Los gobernantes militares conocidos como shogunes toman el control de Japón.

1635: Japón se cierra a gran parte del mundo exterior durante más de 200 años.

1867: El emperador Meiji se convierte en gobernante y trae cambios al gobierno y la cultura de Japón.

1914-1918: Japón lucha en la Primera Guerra Mundial junto a los Aliados contra las potencias centrales.

1941: Japón bombardea Pearl Harbor durante la Segunda Guerra Mundial.

1945: Estados Unidos lanza bombas atómicas sobre Hiroshima y Nagasaki.

1951: Cuarenta y nueve países firman un acuerdo con Japón, que le devuelve la independencia con plenos poderes.

1980: Japón se convierte en uno de los países económicos más poderosos del mundo.

2011: Un terremoto y un tsunami devastadores azotan a Japón.

CAPÍTULO TRES
EXPLORA JAPÓN

Las cuatro quintas partes de Japón están cubiertas de montañas. Muchos viajeros visitan Japón para ver el monte Fuji. Algunos se quedan en la base de la montaña para contemplar su belleza. Otros suben a pie en el verano. Se tardan entre 5 y 10 horas en llegar a la cima. Una vez allí, los visitantes pueden enviar una postal desde la oficina de correos más alta de Japón. Los visitantes también pueden sellar sus bastones de senderismo. Muchos contemplan el amanecer desde la cima de la montaña.

Japón también tiene muchas otras maravillas naturales. El bosque de bambú de Sagano en Arashiyama es uno de los lugares más fotografiados de Japón. Los árboles de bambú que se balancean alcanzan hasta 65 pies (20 m) de altura.

En Tottori, impresionantes dunas de arena se extienden hasta el mar durante casi 10 millas (16 kilómetros). En la bahía de Toyama, los calamares luciérnagas iluminan el mar con un azul resplandeciente.

La gente puede disfrutar de las pintorescas zonas que rodean el monte Fuji.

ARQUITECTURA ANTIGUA

Pagodas, templos y castillos se extienden por todo Japón. Las pagodas de Japón suelen tener cinco pisos de altura. Una de las más famosas es la pagoda del templo To-ji en Kioto. Se construyó a principios del siglo XIX y es Patrimonio de la Humanidad. Los visitantes también viajan a Kioto para ver las numerosas casas históricas de madera llamadas machiya. Tienen miles de años.

El templo To-ji, de cinco pisos, es la pagoda de madera más alta de Japón.

Los edificios del castillo de Himeji incluyen una torre principal de seis pisos.

Hay más de 100 castillos en Japón. El castillo de Himeji es uno de los más famosos. Construido en el siglo XIV, es uno de los tesoros nacionales de Japón.

TOKIO

Visitantes de todo el mundo viajan a Tokio. Los cerezos en flor bordean las calles. Las altas torres iluminan el cielo nocturno.

Tokio tiene zonas únicas. Harajuku es famosa por su llamativa moda. Tokio es conocida por sus cafés con animales. Los comensales pueden comer mientras acarician gatos, búhos, conejos y erizos.

Japón alberga más de 100 parques temáticos. Edo Wonderland es un parque temático histórico que recrea la vida en las ciudades japonesas en el período Edo (1603–1867). En Sanrio Puroland, los visitantes pueden conocer a los personajes de Hello Kitty. En Universal Studios Japón, los visitantes pueden ingresar al primer Super Nintendo World.

En Edo Wonderland, los actores entretienen a los visitantes con espectáculos.

Disneylandia en Tokio es uno de los parques temáticos más concurridos del mundo.

El parque temático más popular de Japón es el Tokio Disney Resort. Tokio Disney Sea es único en Japón con atracciones con temática acuática.

HECHO

El cruce de Shibuya en Tokio es uno de los pasos de peatones más concurridos del mundo. Hasta 3.000 personas cruzan a la vez.

CAPÍTULO CUATRO
VIDA DIARIA

Más del 98 por ciento de las personas que viven en Japón nacieron en el país. Los chinos y los coreanos son dos de los grupos **minoritarios** más grandes. Los japoneses son conocidos por ser educados y serviciales. Mucha gente vive en departamentos en la ciudad. Algunos viven en casas de estilo japonés tradicional llamadas minkas.

La vida familiar generalmente se centra en el trabajo y la escuela. Los ferrocarriles son una de las principales formas de transporte para los trabajadores y estudiantes. Los trenes bala de alta velocidad conectan Tokio con otras partes del país.

Muchos de los trenes bala de alta velocidad de Japón pueden viajar a más de 200 millas (322 km) por hora.

La mayoría de los estudiantes en Japón llevan uniforme al ir a la escuela.

21

ALIMENTO

La comida tradicional es una parte importante de la cultura japonesa. Las comidas a menudo se componen de arroz, sopa de miso, guarniciones pequeñas y encurtidos japoneses.

El sushi es uno de los platillos más conocidos. El sushi incluye arroz prensado con vinagre. El arroz a menudo se envuelve con mariscos crudos y verduras.

Una familia disfruta de una comida de sushi.

SUSHI

El sushi es el platillo japonés más famoso fuera de Japón. Se sirve a menudo con salsa de soja, wasabi y jengibre encurtido.

Ingredientes para el sushi:
- 3 hojas de alga nori
- papel de pergamino
- 1 taza de arroz japonés de grano corto (sin cocinar)
- 2 cucharadas de vinagre de vino de arroz
- 1 cucharada de azúcar
- 2 pepinos cortados en palitos largos

Instrucciones para preparar sushi:

1. Cocina el arroz para sushi en una olla arrocera o sobre la estufa.
2. Cocina en el microondas el vinagre de vino de arroz y el azúcar durante unos 30 segundos.
3. Coloca el arroz cocido en un tazón grande. Añade la mezcla de vinagre de vino de arroz al arroz hasta que esté completamente cubierto y el arroz se haya enfriado.
4. Coloca una hoja de nori con el lado brillante hacia abajo sobre un trozo de papel de pergamino que sea 3 pulgadas (7,6 centímetros) más grande que la hoja de nori en la parte superior e inferior.
5. Coloca puñados de arroz encima en una capa de 1 cm de espesor, dejando los bordes despejados.
6. Agrega las tiras de pepino sobre el arroz.
7. Utilizando el papel de pergamino, enrolla el sushi lo más apretado posible.
8. Corta cada rollo en trozos de sushi individuales.

El ramen es otro platillo japonés popular. Los fideos de trigo se cocinan en un caldo de pescado o carne. A menudo se coloca cerdo en rodajas o algas encima. Se condimenta con miso o salsa de soja.

CAPÍTULO CINCO
FESTIVIDADES Y CELEBRACIONES

La gente en Japón celebra varios días festivos diferentes. El Shōgatsu es la celebración más grande. Es el Año Nuevo japonés. Mucha gente visita santuarios o templos.

Durante la Semana Dorada, la nación celebra cuatro festividades importantes. Una de ellas es el Día del Niño el 5 de mayo. La gente hace picnics y va al teatro. Se vuelan cometas de colores y se ondean banderas con forma de pez koinobori. Estos peces carpa son conocidos por nadar río arriba. Simbolizan fuerza y éxito.

Japón tiene el Día de la Fundación Nacional el 11 de febrero. Este día festivo celebra la fundación del país y al primer emperador legendario, el emperador Jimmu. Se realiza un gran desfile en Tokio.

La gente decora las calles para el Shōgatsu cada año.

Otra festividad patriótica es el cumpleaños del emperador. En este día se abre el Palacio Imperial tanto a los locales como a los turistas. La gente espera a que la familia imperial aparezca en el balcón. Mucha gente ondea la bandera nacional.

CAPÍTULO SEIS

DEPORTES Y RECREACIÓN

El béisbol es el deporte más visto y jugado en Japón. Llegó de los Estados Unidos a fines del siglo XIX. Los equipos de béisbol compiten desde el nivel elemental hasta las ligas profesionales. El equipo nacional de béisbol de Japón ganó el Clásico Mundial de Béisbol en 2006 y 2009. En 2021, Japón ganó la medalla de oro olímpica en béisbol.

Otro deporte popular en Japón es el sumo. Es un estilo japonés de lucha y el deporte nacional del país. El aumento de peso es una parte importante del entrenamiento de sumo. Cuanto más pesado sea el luchador, más fuerza debe usar el oponente. Los combates se llevan a cabo en un ring de arcilla y arena. El jugador que sale del ring o que toca el suelo primero con cualquier parte del cuerpo excepto los pies pierde. Una competencia puede durar desde unos segundos hasta unos minutos.

Los jugadores de béisbol del equipo japonés celebran la obtención de la medalla de oro en 2021.

SHOHEI OHTANI

La estrella de las Grandes Ligas de Béisbol, Shohei Ohtani, es un lanzador, bateador y jardinero profesional del equipo Los Angeles Angels. Creció jugando béisbol a una edad temprana en la pequeña ciudad de Oshu, en el norte de Japón. Jugó en la Liga Japonesa de Béisbol Profesional antes de unirse a las Grandes Ligas en Estados Unidos a la edad de 23 años. Fue votado **por unanimidad** como el Jugador Más Valioso de la Liga Americana en 2021.

BARCO DE ORIGAMI

En japonés, ori significa "doblar" y kami significa "papel". El arte de doblar papel ha existido en Japón desde el período Edo. En los Estados Unidos, se llama origami. Intenta hacer un barco de origami.

1. Coloca un trozo de papel frente a ti con el lado más corto hacia arriba. Dobla el papel por la mitad de arriba abajo.
2. Dobla por la mitad nuevamente de izquierda a derecha y vuelve a abrirlo. Dobla las dos esquinas superiores hacia el medio, formando una punta, y marca un pliegue.
3. Dobla la solapa superior en la parte inferior del papel hacia arriba.
4. Dale la vuelta y dobla la otra solapa inferior hacia arriba.
5. Dobla las pestañas de los extremos una sobre la otra para formar un triángulo.
6. Coloca los pulgares en la abertura de la parte inferior. Separa lentamente el papel hasta que quede plano nuevamente. Presiona a lo largo de los pliegues.
7. En el punto superior, separa los dos lados del papel doblado hasta que tenga la forma de un barco.
8. Para que el barco flote en el agua, coloca cinta adhesiva alrededor de la parte inferior del barco para mantener el papel seco.

El judo es un arte marcial japonés que se utiliza para la autodefensa. Tiene sus raíces en el jiu-jitsu, que fue creado originalmente para los samuráis. La mayoría de los estudiantes japoneses de secundaria aprenden judo u otro arte marcial en la escuela. El judo se agregó como deporte olímpico en 1964. Japón ha ganado la mayor cantidad de medallas de oro en judo.

Natsumi Tsunoda de Japón (derecha) compite en el Grand Slam de Judo de París en 2022.

UNA CULTURA RICA

Japón es un país único. Tiene maravillas naturales, ciudades bulliciosas y arte y edificios tradicionales. La rica y colorida cultura de Japón lo convierte en un lugar especial para vivir y visitar.

GLOSARIO

clan (CLAN)
un grupo de personas relacionadas

cultura (cul-TU-ra)
modo de vida, ideas, arte, costumbres y tradiciones de un pueblo

exportador (ex-por-TA-dor)
un vendedor que envía productos a otro país para su venta

minoría (mi-no-RÍA)
un grupo que constituye una parte más pequeña de un grupo más grande

pagoda (pa-GO-da)
un santuario o templo con forma de torre con muchos techos que se curvan hacia arriba

población (po-bla-CIÓN)
la cantidad de personas que viven en un lugar

por unanimidad (POR u-na-ni-mi-DAD)
acordado por todos

tradición (tra-di-CIÓN)
una costumbre, idea o creencia transmitida a través del tiempo

volcán (vol-CÁN)
una montaña con respiraderos por donde pueden salir lava fundida, cenizas y gases

SOBRE LA AUTORA

Cheryl Kim es una maestra de escuela primaria de California que actualmente enseña en una escuela internacional en Tailandia. Cuando no está enseñando o escribiendo, disfruta viajar por el mundo con su esposo y sus hijos.

ÍNDICE

Bahía de Toyama, 14
béisbol, 26, 27
Bosque de bambú de Sagano, 14

Castillo de Himeji, 17

Día de la Fundación Nacional, 24
Dia del Niño 24

Edo Wonderland, 18
Emperador Meiji, 11, 13
escuela, 20, 21, 29

pueblo jomón, 8, 13
judo, 29

Kioto, 16

Monte Fuji, 4, 14, 15

pagodas, 16
Pearl Harbor, 11, 13
Primera Guerra Mundial, 11

ramen, 23

trenes bala, 20

samuráis, 10, 29
Segunda Guerra Mundial, 11, 13
Shōgatsu, 24, 25
shogunes, 10, 11, 13
sumo, 26
sushi, 22, 23

Templo To-ji, 16
terremotos, 12
Tokio, 6, 7, 18, 19, 20, 24
Tokio Disney Resort, 19
tsunamis, 12

Universal Studios Japón, 18

pueblo yayoi, 8, 13

LIBROS DE ESTA SERIE

TU PASAPORTE A **EGIPTO**
TU PASAPORTE A **ITALIA**

TU PASAPORTE A **JAPÓN**
TU PASAPORTE A **MÉXICO**